VENTE
Du 5 Novembre 1910

HOTEL DROUOT, SALLE N° 6

A DEUX HEURES

TABLEAUX

ANCIENS ET MODERNES

DESSINS ANCIENS

COMMISSAIRE-PRISEUR

Mᵉ LAIR-DUBREUIL

EXPERT

M. JULES FÉRAL

CATALOGUE

DES

TABLEAUX

ANCIENS ET MODERNES

Par

VAN BLŒMEN, BOUT ET BOUDEWYNS, CHARPENTIER, CRAESBECK,
CRÉPIN, DE TROY, DEVÉRIA, VAN EECKOUT,
FRANCK, GOLTZIUS, GUDIN, D. DE HEMM, P. DE LAAR, LE PRINCE,
LETHIÈRE, N. MAAS, F. MANS, J. VAN DER MEER,
J. METSYS, OPIE, J.-B. PIERRE, VAN DER POEL, POELENBURG,
RIBERA, S. RICCI, SCHUTZ,
SUBLEYRAS, Mme VALLAYER-COSTER, ETC., ETC.

DESSINS ANCIENS

DONT LA VENTE AURA LIEU A PARIS

HOTEL DROUOT, SALLE N° 6

Le Samedi 5 Novembre 1910

à deux heures

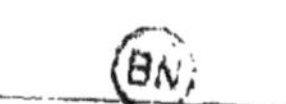

COMMISSAIRE-PRISEUR	EXPERT
Me **LAIR-DUBREUIL**	**M. JULES FÉRAL**
6, rue Favart	7, rue Saint-Georges

EXPOSITION PUBLIQUE

Le Vendredi 4 Novembre 1910, de 2 heures à 6 heures

CONDITIONS DE LA VENTE

Elle sera faite au comptant.

Les adjudicataires paieront *dix pour cent* en sus des enchères.

Paris. — Imp. de l'Art, Ch. Berger, 41, rue de la Victoire

DÉSIGNATION

AQUARELLES, DESSINS

BAROCHE (Frédéric-Barocci, dit le)

1 — *Moïse sauvé des eaux.*

Dessin au lavis de bistre.

BIBBIENA (Attribué à Alexandre Galli, dit)

2 — *Composition d'architecture.*

Dessin à la plume et au lavis d'encre de Chine.

BLYHOOFT (Z.)

3 — *Paysage avec rochers et cours d'eau.*

Aquarelle. Signée à droite.

BLYHOUT

4 — *Personnages sur un canal gelé.*

Dessin au lavis d'encre de Chine et de bistre.
Signé à gauche.

BOISSIEU (Jean-Jacques de)

5 — *Étude d'arbre.*

Dessin à la plume.

BOSCHOLI (A.)

6 — *Allégorie.*

> Dessin au lavis de bistre.

BOTH (ANDRÉ)

7 — *Paysans et animaux sur une route acci-
dentée.*

> Dessin à la plume et au lavis de bistre.

BOTH (JEAN)

8 — *Paysage avec rochers et pont suspendu.*

> Dessin au bistre et au lavis d'encre de Chine.
> Signé et daté : *1641*.

BOUT (PIERRE)

9 — *Bergers et animaux devant une fontaine
monumentale.*

> Dessin à l'encre de Chine.

BOUT (PIERRE)

10 — *Port de pêche animé de nombreux personnages.*

> Dessin à l'encre de Chine.
> Signé à droite.

BOUT (PIERRE)

11 — *La Partie de cartes.*

> Dessin au crayon noir et à l'encre de Chine.
> Signé au centre.

BRIL (Paul)

12 — *Paysage avec constructions et figures.*

Dessin à la plume et au lavis de bistre.

CARESME (Philippe)

13 — *Tête de Satyre.*

Dessin au crayon noir.

CARESME (Philippe)

14 — *Nymphes et Satyres.*

Dessin à la sépia.

CARRACHE (Attribué à Annibal)

15 — *La Vierge et l'Enfant Jésus.*

Dessin à la plume.

CÉSARI (Chevalier d'Arpin, dit le Joséphin)

16 — *Figures allégoriques.*

Dessin au crayon noir et à la sanguine

FREDOU (Jean-Martial)

17 — *Jeune Fille coiffée d'un bonnet.*

Dessin au crayon noir et à la sanguine, rehaussé de blanc.

FLINCK (Attribué à Govert)

18 — *Trois études de figures dans le même cadre.*

Dessin à la plume et au lavis de bistre.

GREUZE (Attribué à)

19 — *La Leçon de musique.*
> Dessin au crayon noir.

GUERCHIN (Giovanni-Barbieri, dit le)

20 — *Étude de figure.*
> Dessin à la plume et au lavis de bistre.

GUERCHIN (Giovianni-Barbieri, dit le)

21 — *Cérémonie funèbre.*
> Dessin à la plume et au lavis de bistre.

HELST (D'après Van der)

22 — *Portrait d'Homme en buste.*
> Aquarelle.

LINGELBACH (Attribué à Jean)

23 — *Le Débarquement.*
> Dessin à l'encre de Chine.

MARATTE (D'après Carle)

24 — *L'Extase d'un saint.*
> Dessin à la sanguine.

MEYER (H.)

25 — *Paysage avec figures aux environs d'une ville.*
> Dessin à la mine de plomb.
> Signé à gauche.

MOUCHERON

26 — *Paysage au bord de la mer.*

Aquarelle, signée et datée : *1729.*
(*Collection H. de Cat.*)

MOUCHERON

27 — *Vue d'une villa italienne.*

Dessin au lavis d'encre de Chine et de bistre.

PONTORMO (Attribué au)

28 — *La Justice.*

Figure allégorique.
Dessin à la pierre d'Italie.

RAUCH (J.-N.)

29 — *Constructions italiennes au bord d'un étang.*

Aquarelle, signée à droite.

RYK (J.-D.)

30 — *Bergers et animaux sur une route.*
Dessin à l'encre de Chine.
Signé à droite.

SCHALKEN (Godefroid)

31 — *Jeune Femme en buste.*
Dessin à la mine de plomb.
Signé à gauche.

SOLIMÈNE (Le Chevalier François)

32 — *Glorification d'un saint.*
Dessin à la plume et au lavis d'encre de Chine.

¡THOMSON

33 à 35 — *Paysages.*

TIEPOLO (Dominique)

36-37 — *Jeux d'Amours.*

Suite de quatre dessins à la plume et au lavis de bistre.

TIEPOLO (Dominique)
(DEUX PENDANTS)

38 — *Nymphes et satyres.*

Dessins à la plume et au lavis de bistre. Signés.

TIEPOLO (Dominique)
(DEUX PENDANTS)

39-40 — *Les Centaures.*

Dessins à la plume et au lavis de bistre.

TINTORET (École du)

41 — *Sujet biblique.*

Dessin au lavis de bistre, rehaussé de gouache.

VAN DYCK (Attribué à Antoine)

42 — *Portrait d'Homme avec collerette.*

Dessin au crayon noir et à la sanguine.

VERNET (D'après Carle)

43 — *Une Lithographie.*

VÉRONÈSE (École de Paul)

44 — *Moïse sauvé des eaux.*

Dessin à la plume et au lavis de bistre.

WILLE (Pierre-Alexandre)

45 — *Les Mendiants.*

Dessin à la plume.
Signé et daté : *1786.*

ZUCCHERO (Frédéric)

46 — *Figure d'homme tenant un verre.*

Dessin au crayon noir et à la sanguine.

ÉCOLE FLAMANDE

47 — *Les Moissonneurs.*

Dessin à l'encre de Chine.

ÉCOLE ITALIENNE (xviie siècle)

48 — *Saint Sébastien.*

Dessin à la plume.

ÉCOLE ITALIENNE (xviie siècle)

49 — *Étude de quatre figures.*

Dessin à la plume et au lavis de bistre.

ÉCOLE ITALIENNE (xviie siècle)

50 — *L'Enlèvement des Sabines.*

Aquarelle.

ÉCOLE ITALIENNE (XVIIᵉ siècle)

51 — *Figure drapée.*

   — *Tête d'apôtre.*

     Deux dessins au bistre et au crayon noir dans le même cadre.

ÉCOLE ITALIENNE

52 — *Le Rémouleur.*

   — *La Lutte.*

     Deux dessins au crayon noir et à la sanguine dans le même cadre.

ÉCOLE ITALIENNE

53 — *Tête d'étude.*

     Dessin au crayon noir et à la sanguine.

ÉCOLE MODERNE
(DEUX PENDANTS)

54 — *Les Petits bûcherons.*

55 — *Enfants jouant avec un chien.*

     Aquarelles gouachées.

TABLEAUX ANCIENS

ET MODERNES

ALLORI (Attribué à ALEXANDRE)

56 — *Vénus, l'Amour, le Temps et deux figures.*

BALEN (Attribué à VAN)

57 — *Personnages à l'intérieur d'un palais.*

BELLOTTO (Attribué à BERNARD)

58 — *Vue de Venise.*
Cadre en bois sculpté.

BLŒMAERT (Attribué à ABRAHAM)

59 — *Allégorie de l'Automne.*

BLŒMEN (PIERRE VAN)

60 — *Un Manège.*

BLŒMEN (Attribué à PIERRE VAN)

61 — *Le Départ de l'Auberge.*

BOUT (PIERRE)
et BOUDEWYNS (ADRIEN-FRANÇOIS)

62 — *Vue d'une ville hollandaise.*

BRIL (Attribué à PAUL)
(DEUX PENDANTS)

63-64 — *Paysages avec cours d'eau et figures.*
Peintures sur cuivre.

350

CHARPENTIER (JEAN-BAPTISTE)

65 — *L'Oiseau favori.*
Signé et daté : *1789.*

3 520

CRAESBEECK (JOSEPH VAN)

66 — *Le Fumeur.*

400

CRÉPIN (LOUIS-PHIPILLE)

67 — *Paysage agreste.*

300

DAVID (École de LOUIS)

68 — *Jeunes femmes tenant une guirlande de fleurs.*

DELACOUR

69 — *La Vallée.*
Signé et daté : *1884.*

DE TROY (JEAN-FRANÇOIS)

70 — *Polyxène sacrifiée aux mânes d'Achille.*
Esquisse.
Signée.

300

DEVÉRIA (ACHILLE)

71 — *La Source.*
Signé et daté : *1847.*

EECKHOUT (VAN DEN)

455 72 — *Le Denier de la Veuve.*
Signé et daté : *1663.*

FRANCK (FRANÇOIS)

73 — *La Sainte Famille.*

FRANCK (FRANÇOIS)
(DEUX PENDANTS)

74 — *Sujets d'histoire.*

FRANCK (Attribué à SÉBASTIEN)

75 — *Le Christ déposé de la croix et soutenu par un pontife.*

GÉRARD (École du BARON)

76 — *Sujet tiré de l'Histoire Romaine.*

GRANET (Attribué à)

77 — *Intérieur de cloître.*

GREUZE (Genre de)

320 78 — *La Jeune Fille aux fleurs.*

GOLTZIUS (HENRI)

79 — *Portrait d'un naturaliste.*

GUDIN (THÉODORE)

80 — *Marine avec rochers.*
Signé et daté : *1831.*

GUDIN (Théodore)

81 — *Marine : Effet de soleil couchant.*
Signé et daté : *1836.*

HEEM (Attribués à David de)
(DEUX PENDANTS)

82-83 — *Fruits posés sur une table.*

HUET (Attribué à Jean-Baptiste)

84 — *Pastorale.*

JORDAENS (Attribué à)

85 — *Néron.*

KALF (Attribué à Guillaume)

86 — *Le Compotier de fraises.*

LAAR (Pierre de)

87 — *La Mascarade.*

LECOMTE (Paul)
(DEUX PENDANTS)

88-89 — *Paysages.*

LE PRINCE (Jean-Baptiste)

90 — *Un Baptême.*

LETHIÈRE Guillaume)

91 — *Orphée et Eurydice.*
Signé et daté : *1792.*

MAAS (Nicolas)

305 92 — *Portrait d'Homme en manteau rouge.*

MANS (Frédéric)

93 — *Vue d'une ville hollandaise. Effet de neige.*
Signé à gauche du monogramme.

250

MARTIN (Pierre)
(deux pendants)

94-95 — *Épisodes de la campagne de Flandre.*

970

MEER (Jean Van Der)

96 — *La Visite à la bergère.*

MEULEN (École de Van Der)

97 — *Portrait équestre de Louis XIV.*
Cadre en bois sculpté.

291

METSYS (Jean)

98 — *Dieu le Père et le Christ mort.*

110

MIGNARD (École de)

99 — *Portrait de Femme avec les attributs de Sainte Catherine.*

100

MIGNARD (École de)

550 100 — *Portrait de Madame de Montespan.*

MIGNARD (École de)

101 — *Portrait d'un Prince royal.*
Toile de forme ovale.

135

MOLENAER (Attribué à Jean-Miense)

102 — *Intérieur de cabaret.*

Un officier est assis au premier plan sur une chaise, un verre à la main gauche, près d'une table où plusieurs personnages jouent aux cartes.

MOLENAER

103 — *Le Concert.*

Signé à gauche.

MULLER (Charles-Louis)

104 — *Portrait d'une Dame en noir.*

NATOIRE (Genre de)

105 — *Diane chasseresse.*

NETSCHER (Attribué à Gaspard)

106 — *Personnages devant une fontaine.*

OPIE (John)

107 — *Portrait d'un Avocat.*

PALING (Isaac)

108 — *Portrait d'Homme.*

PIERRE (Jean-Baptiste)

109 — *Sainte adorant la Croix.*

POEL (Egbert Van der)

110 — *Incendie de Troie.*

POELEMBURG (Corneille Van)

111 — *Diane découvrant la grossesse de Calisto.*

103

POELEMBURG (Corneille Van)

112 — *Nymphes surprises par un satyre.*

155

POUSSIN (École de Nicolas)

113 — *Les Bergers d'Arcadie.*

QUINTON (Charles)

114 — *Paysage avec troupeau de chèvres, sous la garde d'un berger.*

Signé et daté : *1880.*

RANC (Jean)

115 — *Portrait d'un Magistrat.*

RAPHAEL (École de)

116 — *La Vierge, l'Enfant Jésus et Saint Jean-Baptiste.*

RAUCH (J.-N.).

117 — *Vue des environs de Naples.*

Signé et daté : *1845.*

RIBERA (Joseph)

118 — *Portrait d'Homme âgé.*

255

Signé : *Jusef de Ribera, Espanol Valentiano.*

RICCI (Sébastiano)

119 — *Nymphes et satyres.*

RICHOMME (Jules)

120 — *La Musique.*

121 — *L'Astronomie.*
Deux panneaux décoratifs.

RUBENS (École de)

122 — *Étude pour le martyre de Saint Liévin.*

RUBENS (École de)

123 — *Le Jardin d'Amour.*

RUBENS (École de)

124 — *Une Famille flamande.*

RUBENS (École de)

125 — *Portrait de Galilée.*

SARTO (D'après Andréa del)

126 — *La Vierge et l'Enfant Jésus entourés d'anges.*

SCHUTZ (Chrétien)

127 — *Paysage des bords du Rhin.*

SUBLEYRAS (Pierre)

128 — *Martyre d'un saint.*

TAUNAY (Attribué à)

129 — *Une Noce de village.*

520

VALLAYER-COSTER (Mme ANNE)

130 — *Un Panier de pêches.*

VELDE (École d'ADRIEN VAN DE)

131 — *Bergers et animaux dans la campagne de Rome.*

VERDIER
(DEUX PENDANTS)

132 — *Vue d'un port de mer.*

133 — *Fête champêtre.*
Cadres en bois sculpté.

VERNET (Attribué à JOSEPH)

134 — *Pêcheurs à l'entrée d'un port.*

WATTEAU (École de)

135 — *Réunion dans un parc.*

WITT (Attribué à JACOB DE)

136 — *Intérieur de ville flamande.*
Signé à droite.

100

WOUWERMAN (Attribué à Philippe)

137 — *Halte de cavaliers.*

ZUCCARELLI

138 — *Paysage avec cours d'eau et pêcheur au premier plan.*

ÉCOLE ALLEMANDE

139 — *Portrait d'Homme en buste.*

ÉCOLE FLAMANDE (xviie siècle)

140 — *L'Adoration des Mages.*

Cadre en bois sculpté.

ÉCOLE FLAMANDE (xviiie siècle)

141 à 146 — *Scènes champêtres.*

Six panneaux décoratifs.
Haut., 2 m. 40 cent.; larg., 1 m. 94 cent.
Haut., 2 m. 40 cent.; larg., 1 m. 90 cent.
Haut., 2 m. 40 cent.; larg., 1 m. 85 cent.
Haut., 2 m. 40 cent.; larg., 1 m. 38 cent.
Haut., 2 m. 40 cent.; larg., 1 m. 35 cent.
Haut., 2 m. 40 cent.; larg., 0 m. 85 cent.

ÉCOLE FLAMANDE

147 — *Village sous la neige.*

ÉCOLE FRANÇAISE
(DEUX PENDANTS)

148 — *Saint Jean.*
149 — *Saint Mathieu.*

ÉCOLE FRANÇAISE

150 — *Jeune Fille montrant une marmotte.*

ÉCOLE FRANÇAISE

151 — *Jeune Femme coiffée d'un turban.*

ÉCOLE HOLLANDAISE (xviie siècle)

152 — *Oiseaux morts.*

ÉCOLE HOLLANDAISE (xviie siècle)

153 — *Oiseaux morts sur une table.*

ÉCOLE HOLLANDAISE
(deux pendants)

154 — *Du raisin, des cerises, des artichauts.*

155 — *Pâtisserie et châtaignes.*

ÉCOLE HOLLANDAISE

156 — *Portrait d'Homme la main appuyée sur un livre rouge.*

ÉCOLE ITALIENNE

157 — *Ascension d'un saint.*

ÉCOLE ITALIENNE

158 — *Mendiants devant un tombeau.*

ÉCOLE ITALIENNE

400 159 — *L'Enfance de Bacchus.*

ÉCOLE VÉNITIENNE

160 — *Jeune Femme recevant des présents.*

161 — Sous ce numéro, seront vendus des tableaux et dessins non catalogués.

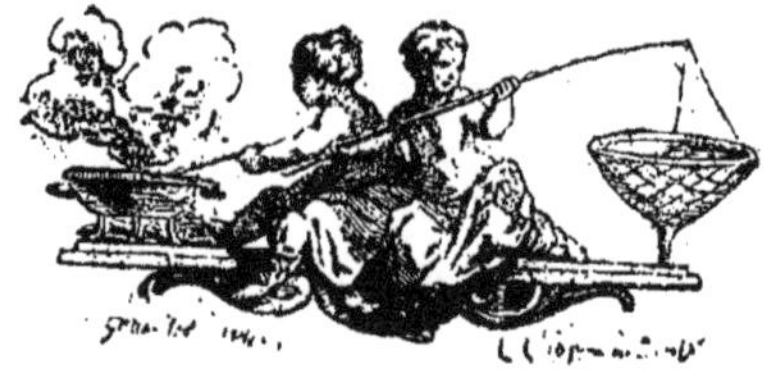